태극기 휘날리며 2

정형시 3/4/5/6

태극기 휘날리며 2

최행신 시집

고두미

정형시 3/4/5/6

시조

3장6구 43자 천부경 수리
천부경 대3합6생789에 대3합을 3장
6생을 6구로 운34 성환57에 운34로
1장 3/4 3/4
2장 3/4 3/4
3장 3/5 4/3
3장 5·6구는 운34 성환57에 양수인 3·4·5을 뒤집어
1시무종1(一始無終一)을 적용하여 생긴 3/5 4/3은
4/3에 자수 43자로 맞추기 위함이다
3장 6구 43자로 쓰지 않은 글은 정형시가 아니다
대3합6생789에 7·8·9 와 운34 성환57에 7은
음수의 후수라 사용하지 않는 것으로 추정한다

정형시 3/4/5/6

시조가 적용한 천부경 대3합6생789에서
천지인 기본수 1·2·3의 합으로 생긴 음수의 첫수 6을
운34 성환57에 양수인 3·4·5에 붙여
정형시 3/4/5/6을 만들다
사람 (3) 살고있는 우주만물(3+1=4)
5행(3+2=5) 생성 지배하고 있으며
그 원기와 이치를 알고 있는 사람들(3+3=6)
보고 느끼는 마음을 말과 말의 기호로 표현, 전달하고
서로를 배려하면서 뜻을 함께한다
그리고 지켜야 할 도리를 주고 받으며 살아가는 수리다

2연 3연 쓰고,
1연은 일본 하이쿠가 쓰고 있어서
우리 민족의 예술적 미덕과 독자적 미학을 담기 위해
쓰지 않는다

카카오톡 정형시
3/4/5/6
2연 3연 써서 올리면 시인입니다

태극기 휘날리며

태극기 대한민국
건이감곤 괘
3, 4, 5, 6 자수

정형시 3/4/5/6
백의민족 혼
한민족 정형시

우리는 태어나서
시인입니다
쓰고 남기세요

차례

태극기 휘날리며 2

향기에 취해	_15
밤꽃	_16
소국	_17
사과나무	_18
난초	_19
유월 꽃	_20
내 고향	_21
봄이다	_22
꽃망울	_23
들꽃	_24
낙엽	_25
봄날	_26
우암산 무심천	_27
가슴 스민다	_28
봄날	_29
소나기 고갯길	_30
흔들리는 바람	_31
햇살	_32
목련 피는 날	_33
수선화	_34
봄 봄 봄	_35
사월 편지	_36

여름 바다	_37
여름비 온다	_38
이름이 뭐냐	_39
뭘 기다리는가	_40
여름 담장	_41
웃으며 살자	_42
여름 바다	_43
보리밭	_44
보내는 여름	_45
그냥 좋다	_46
살아 있으니까	_47
여름 뜨겁다	_48
꽃비 오다	_49
흘러간다	_50
그리운 사람들	_51
빗방울	_52
하늘 바람	_53
꽃으로 피어라	_54
잃을 것 없다	_55
그 옛날	_56
삶은 아름답다	_57
해 질 녘	_58
오네	_59
깊어 가는 가을	_60
가볍게 살아요	_61
능금꽃	_62
가고 싶다 고향	_63
고향 하늘	_64

고향 마을	_ 65
참나리꽃	_ 66
아침에	_ 67
강가에서	_ 68
느티나무	_ 69
마음 향기	_ 70
구름 응원한다	_ 71
예쁜 색	_ 72
구경 가자	_ 73
꽃처럼	_ 74
시월	_ 75
담쟁이 단풍 들다	_ 76
추억 이슬	_ 77
나 울지 않아요	_ 78
들판	_ 79
하늘 우물	_ 80
행복한 나날들	_ 81
즐거움 주렴	_ 82
가을 하늘	_ 83
오두막	_ 84
눈 오는 날	_ 85
옹달샘	_ 86
함박눈	_ 87
까치 소리 듣다	_ 88
하얀 눈길	_ 89
송이송이 눈송이	_ 90
겨울 사랑	_ 91
나무처럼	_ 92

울분과 서러움	_93
겨울 하루	_94
나무야	_95
별의 희망	_96
손 잡고	_97
폭포	_98
벚꽃	_99
알고 있지	_100
비바람	_101
폭풍 속 백일홍	_102
퇴색된 낙엽아	_103
원두막	_104
비 맞으며	_105
즐거운 순간	_106
참나무 갈나무	_107
세월이 아프다	_108
우정	_109
구름 눈물	_110
입하 비	_111
예쁜 여자	_112
축복합니다	_113
착하고 예쁜 꽃	_114
향기 머금고	_115
꽃같이 살아요	_116
이팝나무	_117
그래 그래 살자	_118
라일락 향기	_119
목련 웃음	_120

들국화	_ 121
양배추 꽃	_ 122
동행한 사람	_ 123
가을이 오면	_ 124
동백 등	_ 125
단풍 들다	_ 126
초가을	_ 127
꿈꾸는 가을	_ 128
마음 번지다	_ 129
뜸북	_ 130
멍에 벗어 버려	_ 131
바스락바스락	_ 132
여기가 어디야	_ 133
뒷모습	_ 134
햇볕은	_ 135
가을	_ 136
장미 가시	_ 137
아침 초대	_ 138
오월의 들판	_ 139
가을빛 끝자락	_ 140
웃고 웃는 사람	_ 141
오래오래 살자	_ 142
사랑하고파라	_ 143
계절 향기	_ 144
자연으로 가자	_ 145
단풍 물들다	_ 146
눈보라 치는데	_ 147
문경새재 길	_ 148

내 인생길	_ 149
웃고 웃자	_ 150
봄 봄 봄	_ 151
세상이 보일까	_ 152
사랑꽃 향기	_ 153
마음가짐	_ 154
열렸나 닫혔나	_ 155
무심천 걸어요	_ 156
고향 들판	_ 157
강강술래	_ 158
둥근 달	_ 159
꽃밭	_ 160
보름달	_ 161
희망 달	_ 162
두둥실 달이 뜬다	_ 163
짙은 연록색	_ 164
물든 단풍인가	_ 165
달빛에 잠들다	_ 166
공원 단풍편지	_ 167
삶이 더 빛나다	_ 168

향기에 취해

목련 꽃 라일락 꽃
아카시아 꽃
꽃 향기 풍기고

장미꽃 붉은 미소
향기에 취해
어머나 어쩌나

연분홍 진달래꽃
떨어지면서
향기 놓고 간다

밤꽃

공연히 심란하고
울적한 심사
밤꽃이 피던 날

여름은 밤꽃 계절
향기 없어도
벌들이 앵앵앵

소국

보살사 뜨락 가득
노오란 소국
향기 가득하고

귀여움 올망졸망
천년 뜰 미소
행복이 넘친다

사과나무

열매가 주렁주렁
못 이긴 성화
붉게 불태운다

보이는 품새만큼
해맑은 미소
빨개지는 얼굴

난초

꽃들이 화려할 때
규방에 홀로
꽃 향기 날리며

바람이 불어와도
울지 않아요
가냘픈 잎새들

창밖에 새어 드는
달빛이 좋아
밤새 눈 비빈다

유월 꽃

찔레꽃 쏟아지자
붉은 장미꽃
자줏빛 감자꽃

밤꽃이 산비탈에
쏟아진 달밤
짝 찾는 개구리

내 고향

빠르고 빠른 세월
앞산 뻐꾸기
뜸부기 부르고

텃밭에 옥수수 잎
하루하루가
변하는 내 고향

봄이다

산 넘어 봄 오는가
그때 그 향기
그대로 오겠지

사랑이 그리운가
그때 그 사랑
봄 온다 봄이다

꽃망울

어느새 노랑 나비
꽃눈 입맞춤
뿌리 내린 씨앗

꽃 향기 설레는 꿈
전설 남기고
꽃망울 터진다

들꽃

보여도 안 보여도
들꽃 피었네
혼자만의 몸짓

남몰래 피고 지고
몰라도 좋아
혼자만의 눈물

낙엽

우수수 떨어지는
낙엽 한마디
좋은 거름 되자

거름 된 낙엽 거름
거름 참 좋다
걸음 조심조심

봄날

살구꽃 앵두꽃에
복사꽃 피자
붉은 진달래꽃

봄날은 기다리지
않아도 온다
흔드는 봄바람

우암산 무심천

옥상에 올라 보니
하늘 구름 속
듬직한 우암산

한때는 손을 잡고
짝짜꿍한 산
무심한 무심천

가슴 스민다

언 땅에 새싹들이
솟아 오른다
마중 가자 봄봄

초록빛 호사로워
심장이 콩닥
가슴 스미는 봄

봄날

새초롬 풀꽃처럼
보조개 웃음
봄꽃 만발하고

별들이 춤을 추는
수줍은 달밤
봄바람 사랑춤

소나기 고갯길

단종의 슬픈 사연
소나기 되어
붙여진 고갯길

바위를 쪼개 놓은
벼룻길 사이
산야 신비롭다

내 마음 담고 담은
수채화 풍경
찰각 찰각 찰각

흔들리는 바람

감자꽃 피어나고
뻐꾸기 울자
떠나간 사람아

하늘이 푸르던 날
노오란 붓꽃
향기 젖으면서

당신은 어찌하고
사시는지요
바람아 바람아

햇살

햇살은 밝고 맑아
눈 부릅뜨고
행복이라 한다

햇살은 따뜻해서
사랑꽃 피는
낙원에 살아요

목련 피는 날

어쩔래 꽃이 피는
아름다운 날
돌아설수 있니

바람에 꽃잎 지듯
그날이 오면
어떻게 할 건데

수선화

겨울이 떠난 자리
봄기운 올라
고개 든 수선화

병아리 닮은 망울
봄 햇살처럼
신비한 꽃 중 꽃

봄 봄 봄

추웠던 겨울 끝나
지지개 펴고
몸 쭈욱 뻗으며

길가에 온갖 풀과
산에 꽃들이
환하게 웃어요

봄바람 봄처녀는
꽃바람 안고
가슴 설레는 봄

사월 편지

자연에 순응하고
피고 지는 걸
어쩌란 말이야

봄비에 꽃잎 져도
튼실한 씨방
여물어 가더라

여름 바다

갈매기 날아가는
잔잔한 바다
함께 걸어 보자

여름밤 뒤척이며
잠 못 이룬 밤
부채질 하면서

여름비 온다

창문을 뒤흔들며
새털구름이
둥실 둥실 둥실

논배미 개구리들
합창을 하니
더욱 애달프다

저 넓은 황금 들판
흠뻑 적시며
여름비가 온다

이름이 뭐냐

들꽃은 이름 없다
부를 듯 말 듯
안 불러도 그만

그리움 쌓인 들판
이름이 뭐냐
못 들은 척한다

뭘 기다리는가

가을이 문턱 넘어
낙엽 지는 날
눈앞에 오고요

떨어져 뒹굴 날이
금방 오는데
뭘 기다리는가

여름 담장

장미꽃 활짝 피고
나팔꽃 넝쿨
기어오른 담장

땅 칠 년 쓰름매미
한낮 짝짓기
엿보는 잠자리

웃으며 살자

웃으며 산다는 건
괜찮은 욕심
깔깔깔 깔깔깔

반백의 머리카락
쓸어 넘기며
하하하 호호호

여름 바다

바다에 뛰어들어
개구리 헤엄
행복한 즐거움

모래톱 숲속 해변
낭만을 찾아
손 잡고 가보자

보리밭

보리가 익어 간다
파란 하늘에
고맙다 햇빛아

봄바람 지나가자
종달새 뜬다
높고 넓은 하늘

보내는 여름

나무들 여름 벗고
호올로 서서
고개를 떨군다

울타리 나팔꽃도
손을 흔들며
눈물 글썽글썽

그냥 좋다

가을빛 그냥 좋다
가슴이 뛰는
세상이 참 좋다

싸늘한 바람 따라
풀벌레 우는
논두렁 걸으며

살아 있으니까

메마른 인생길에
우울한 사랑
스쳐 지나가고

운명의 가시밭길
젖은 행복 속
살아 있으니까

여름 뜨겁다

여름은 젊음이다
온통 뜨겁다
태양 흔적인가

여름은 사랑인가
정말 뜨겁다
정열 흔적인가

꽃비 오다

꽃비가 내리던 날
창문을 열고
그대 기다린다

찔레꽃 울타리에
미소 진 장미
그늘 짙은 녹음

마음속 피어 있는
그리움이여
어서어서 오라

흘러간다

물소리 바람 소리
흐르는 세월
갈 곳이 어딘가

하늘을 쳐다봐요
뜬구름 따라
흘러 흘러 간다

그리운 사람들

세월은 계절보다
앞선 발자국
추억 따라 가고

흰머리 휘날리는
주름진 눈가
그리운 사람들

빗방울

나뭇잎 이슬 맺혀
귀 쫑긋 세워
햇빛 소리 듣고

산새들 맑은 노래
애절한 절규
다독이며 웃고

거미줄 잎새 하나
와락 안겨서
흠뻑 젖고 있네

하늘 바람

하늘 말 기울이면
그리움 쌓여
마음 깊어 가고

바람 말 새겨듣고
사랑하면서
크게 웃고 살자

꽃으로 피어라

흐르는 세월이란
바람이더라
눈물 흘리지 마

하나의 목숨이여
착하고 착한
꽃으로 피어라

이제는 너와 내가
사랑한 마음
꽃 피고 피더라

잃을 것 없다

무언가 잃어 간다
잃을 것 없어
흡족하게 산다

지금은 이 세상에
외로움 없어
행복하게 산다

마지막 이별인가
이별을 몰라
난 즐겁게 산다

그 옛날

그 옛날 꾀꼬리의
구슬픈 노래
온 산을 흔들고

인간사 지난날의
아쉬운 바람
그리움 날린다

삶은 아름답다

바람이 스쳐가듯
나이 들수록
시간 빨리 간다

모든 걸 제쳐 놓고
보고픈 친구
만나서 즐기자

오늘이 가기 전에
뜨거운 마음
삶이 아름답다

해 질 녘

어스름 해 질 녘이
다가오네요
눈시울 적시며

지나온 흙길 위에
불빛을 따라
걷고 걸어 간다

사랑의 따뜻함을
아시는가요
흔들리는 마음

오네

아련한 들길 따라
물든 그리움
내게 걸어오네

세상이 파란 시절
오색 꿈 꾸며
노래하며 오네

추억을 다독이며
귓속말 소녀
들꽃 안고 오네

깊어 가는 가을

흐느껴 울던 낙엽
칼바람 피해
추억 따라 가고

쓸쓸한 밀어내는
시린 그리움
깊어 가는 가을

가볍게 살아요

억새꽃 슬피 우는
붉은 단풍길
무심천 걸으며

물 위에 비친 사랑
여울져 흘러
가슴이 저민다

흘러간 세월처럼
마음 적시며
가볍게 살아요

능금꽃

뜨거워 넘친 정열
바람이 불면
싱그러운 웃음

허망한 바람처럼
한없이 짧은
능금꽃 사랑아

가고 싶다 고향

추억을 펼쳐 보던
친구 없어도
가고 싶다 고향

눌러쓴 밀짚모자
노랑 참외를
먹고 놀던 고향

참새 떼 허수아비
어깨에 앉아
조잘대는 고향

고향 하늘

뻐꾸기 논병아리
뜸북새 우는
논두렁 걸으며

갖가지 들꽃이 핀
꽃동산 올라
바라보는 하늘

고향 마을

산허리 꿩이 울고
뻐꾸기 울고
춤추는 다람쥐

아이들 버들가지
꺾어 불으면
송사리 떼 뛰고

떠들썩 웃고 울던
지난 시절이
그리워집니다

참나리꽃

순결한 사랑으로
살아온 날들
곱게 핀 사랑꽃

깨끗한 마음 가진
순결한 여인
그대 참나리꽃

아침에

떨어질 단풍잎은
그리운 여름
입맞춤 하면서

아침에 낙엽 소리
듣기 좋은 듯
툭 건드려 본다

갈 길을 잊은 여인
서성거리는
모습 아름답다

강가에서

조약돌 가을 강가
마음 씻는다
기쁨이 넘친다

내 영혼 어디쯤에
맑고 맑은 향
흐르고 있을까

느티나무

세월이 한 줄 한 땀
쌓여 갈수록
품안 넓은 그늘

하늘을 넉넉하게
받쳐 줄 기둥
세우는 일이다

한 알의 씨앗으로
새싹을 틔운
파란 그늘이다

마음 향기

가을빛 내려앉은
풍요의 계절
향기에 취해서

어여쁜 꽃잎처럼
설레는 마음
웃음을 나누며

사랑이 요동치는
벅찬 감동을
바람에 날린다

구름 응원한다

시퍼런 잎사귀는
가을 물들고
마음도 물들고

티 없는 낭만 계절
사랑의 추억
쏘옥 배어든다

시원한 소슬바람
첫 발걸음에
구름 응원한다

예쁜 색

햇살에 단풍잎이
익어 가면서
예쁜 색이란다

어리고 예쁜 소녀
기쁨 안고서
구름 따라간다

구경 가자

세상사 하루하루
살아 있어서
반갑고 기쁘다

귀하게 태어나서
욕심 없는 삶
인생길 소풍길

이 한몸 낙엽 지면
그만인 것을
구경이나 하자

꽃처럼

꽃처럼 웃고 있는
꽃 같은 사람
세상 눈부시다

보이지 않는 숲속
숨쉬고 있는
저녁 고요하다

시월

그렇게 무정하게
가버린 시월
가기도 잘 간다

세월아 쉬엄쉬엄
가면 안 되니
내달리지 마라

세월에 주눅 말고
낭만을 찾아
어우렁더우렁

담쟁이 단풍 들다

담벼락 어딘가에
흐른 물 먹고
단풍 들었구나

담쟁이 알록달록
의연한 사랑
담벼락 오르며

추억 이슬

가을빛 오곡백과
익어 가면서
행복한 눈웃음

저 맑은 하늘 높이
고추잠자리
좋아라 춤추고

추억의 이슬방울
맺힌 들꽃에
깊어 가는 가을

나 울지 않아요

바람이 심술 부려
물든 나뭇잎
뚝뚝 떨어져도

한 생을 잘 보냈다
땅에 뒹굴며
나 울지 않아요

들판

보람의 황금 들판
허수아비가
새를 쫓고 있고

아이들 따라 뛰고
메뚜기 뛰자
뜸부기 날아요

하늘 우물

가을빛 하늘에다
우물을 판다
차오른 파란 물

구름밭 파란 우물
내 어린 시절
그리움 비친다

행복한 나날들

꽃이 진 자리마다
열매가 익는
시간이 흐르고

푹 익어 너도나도
사랑꽃 피는
행복한 나날들

즐거움 주렴

바람을 타고 와서
흔들어 주렴
외롭지 않도록

구름을 몰고 와서
적시어 주렴
마르지 않도록

나비를 불러 와서
즐거움 주렴
슬프지 않도록

가을 하늘

하늘을 비질하자
맑고 깨끗한
하얀 구름 둥실

끊길 듯 마디마디
풀벌레 노래
익어 가는 계절

오두막

기쁨을 따라가다
작은 오두막
둘이 사는 슬픔

붉은 감 주렁주렁
매달려 웃자
수다 떠는 기쁨

눈 오는 날

산 위에 바다 위에
장독대 위에
그리움 오는 날

눈처럼 부드러운
그대 목소리
사랑해 사랑해

옹달샘

나무는 잎 피우고
꽃을 피우고
열매를 맺더라

이 세상 내가 꿈꾼
옹달샘 넘친
기쁨 행복 사랑

함박눈

허공에 진눈깨비
심술 부려도
본체만체하고

세상이 바람 불고
어둡다 해도
함박눈 날리자

까치 소리 듣다

동구 밖 느티나무
까치 날아와
기쁜 소식 준다

마음껏 웃으면서
놀던 친구야
오늘은 좋은 날

하얀 눈길

한때는 가슴 뛰던
속 깊은 세월
첫눈 젖은 소리

어디서 오는 건가
담아온 시간
가슴이 설레고

생각은 눈발 속속
안에 담고서
하얀 눈길 가자

송이송이 눈송이

눈송이 가만가만
바라보세요
많고 많은 사연

눈송이 자박자박
길을 내 가면
그리움 오고요

눈송이 송이송이
덜 준 사랑이
남아 돌고 돈다

겨울 사랑

괜찮아 속이 훤히
보이면 어때
그대로가 좋아

괜찮아 화려하지
않으면 어때
그 모습 더 예뻐

겨울을 가슴으로
사랑해 주면
뜨겁다 뜨겁다

나무처럼

땅에서 얻은 것을
다 돌려 주는
겨울나무 봐라

눈서리 긴긴 날을
세월 밭에서
살린 씨앗 하나

언 손을 마주 잡고
살아 견디며
이겨 온 삶이다

울분과 서러움

보인 게 전부인가
참아온 날과
세월의 흔적들

그 안에 살짝 마음
훔쳐 보아라
웃음소리 듣고

울분과 서러움을
일깨운 시간
깨달음이었다

겨울 하루

햇살이 하루하루
짧아지면서
밤이 깊어진다

외롭고 쓸쓸하고
마음 고픈데
누가 올 것 같아

눈 덮인 초가집에
연기 오르고
웃음소리 크다

나무야

나무야 잘못했니
두 손 올리고
벌 받고 있잖아

아니야 꽃 피우고
꽃가지마다
주렁주렁 열매

별의 희망

별들아 너의 슬픔
모두 버리고
기쁨 안고 가요

희망이 너의 마음
안아 주면서
입맞춤할 거야

손 잡고

개나리 꽃이 피면
꽃 피는 대로
손 잡고 가보자

비 오면 오는 대로
비를 맞으며
함께 걸어가자

폭포

고매한 정신으로
쉴 사이 없이
곧게 떨어진다

떨어진 물방울은
번개와 같아
마음 줄 새 없고

폭포는 곧은 울음
곧은 자세로
곧고 곧게 간다

벚꽃

연분홍 꽃술 유혹
너무 황홀해
바라볼 뿐인데

꽃잎이 휘날리면
서 있고 싶다
꽃비를 맞으며

알고 있지

바람아 너는 알지
밝은 달빛에
환하게 피는 꽃

시간은 알고 있지
그리운 사람
기다리는 마음

꽃 피고 기다리고
눈 쌓인 들판
희기도 희더라

비바람

비탈밭 옥수수가
휘청거리며
비바람 찰지다

빗줄기 받아 내며
도리질한다
뭔가 울컥 울컥

두루미 날아가는
하얀 날갯짓
괜찮아 괜찮아

폭풍 속 백일홍

절망의 폭풍에도
꺾이지 않고
스러지지 않고

백일홍 우박처럼
붉은 꽃봉을
매달고 있어요

퇴색된 낙엽아

뜨겁게 타오르던
정열이 식어
퇴색된 낙엽아

오늘은 마음 깊이
남은 추억을
물들이며 가자

원두막

반딧불 숲속에서
반짝인 등불
미완성 꿈 꿈 꿈

수박밭 원두막에
별을 헤면서
밤 새운 친구야

세월은 어린 시절
추억에 젖어
둥굴둥굴 간다

비 맞으며

때때로 비 맞으며
혼자 걸어요
젖어 버린 인생

이제는 미움 분노
소나기처럼
지나쳐 버리고

이 세상 떠나는 날
다시 태어나
무지개 꿈꾸자

즐거운 순간

비 오면 애잔하던
그리움마저
함께 흘러가고

창문에 빗방울이
부딪치면서
마음 흔들리고

눈물이 흐르는 건
사랑이지요
그 사랑 그립다

참나무 갈나무

나무가 나무라고
나무가 나무
무슨 무슨 나무

나무를 나무라네
나무란 나무
참나무 참나무

나무가 나무처럼
나이 든 나무
갈나무 갈나무

세월이 아프다

툭 차던 여름 낙엽
마중물인가
세월이 아프다

아 벌써 팔순 팔십
그러고 보니
뭐가 온 것 같다

갈 거야 안 갈 거야
보채지 말고
묻지도 말아라

우정

우정은 들꽃 같아
볼품없어도
향기 은은하고

우정은 길이길이
변함이 없어
생명 보듬더라

구름 눈물

꾹 참고 참았다가
쏟아져 내린
그리움인가 봐

창문에 맑게 젖은
간절한 기도
하늘하늘 구름

입하 비

어쩌면 지난해와
똑같은 밭에
비가 올 것 같다

해 질 녘 하지비가
마늘종 뽑은
소리 내며 온다

빗방울 방울방울
방울토마토
방울 방울 방울

예쁜 여자

그녀는 나만 보면
행복하단다
맑은 샘 흐르고

옆구리 꾹꾹 찔러
고맙다 한다
마음 순해지고

착하고 아름답고
예쁘면서도
웃고 있는 여자

축복합니다

사랑의 마음으로
반지 끼면서
축복 밝힌 촛불

오늘은 아름다운
행복 문 열며
웃음꽃 피는 날

착하고 예쁜 꽃

흐르는 세월이란
바람이더라
눈물 흘리지 마

어차피 사랑 미움
지고 말더라
착하고 예쁜 꽃

향기 머금고

발걸음 조용조용
향기 머금고
꽃 터지는 소리

별빛이 반짝반짝
환한 눈웃음
달콤한 이야기

꽃잎이 살랑살랑
추억은 남아
마음이 즐겁다

꽃같이 살아요

꽃눈의 함박웃음
쌓이는 길을
말없이 걸어요

이 마음 향에 취해
남은 사연이
꽃길 따라 가고

세월을 하염없이
음미하면서
꽃같이 살아요

이팝나무

초여름 이팝나무
배고픈 시절
마음 고픔일까

어둠이 번진 저녁
꽃그늘 아래
옷고름 풀릴라

그래 그래 살자

가슴속 자존심이
우르르 쾅쾅
눈물 쏟아 낸다

만남과 사랑 이별
변덕 부리며
흠뻑 젖은 행복

웃다가 우는 세상
지조 없는 삶
그래 그래 살자

라일락 향기

보랏빛 고운 자태
실바람 방긋
터질 것만 같다

저고리 보라색에
치마 파란색
웃는 모습 미워

얼굴도 어여쁘고
춤추는 모습
가슴 요동친다

목련 웃음

웃고 선 하얀 목련
세상이 밝아
순결한 영혼아

호박꽃 함박웃음
세상이 편해
근심 사라진다

들국화

기다림 지나가야
빙그레 웃는
그대 보이나요

외로움 묻은 향기
그윽한 향기
온 들판 덮어요

양배추 꽃

얽히고 둘러싸여
홀가분함을
꿈도 못 꾸었지

그때는 된서리에
못 받는 대접
꿈 같은 일이야

동행한 사람

아침에 동녘 하늘
태양의 빛깔
정말로 멋지다

저녁에 서녘 하늘
인생 황혼도
붉게 타오르고

이 생명 다하도록
동행한 사람
사랑한 사람아

가을이 오면

한 줄기 바람 없이
걸어가는 길
어디에 있을까

인생길 바람 태풍
소나기 오고
파도가 치더라

구름이 흘러 흘러
고뇌가 묻은
단풍 아름답다

동백 등

동백꽃 왁자지껄
한 생을 받쳐
감싸 안은 허공

지상에 시린 영혼
덥혀 주려고
동백 등 밝힌다

세월은 흘러가고
참사랑 남아
어깨 등 따습다

단풍 들다

언제나 가는 길은
처음 보는 길
찬찬히 보고 가

가면서 어리둥절
이 길이 맞아
두려워하지 마

발자국 새겨지는
뒷모습 보며
고운 단풍 들다

초가을

칼바람 휑한 바람
못질을 하고
가슴앓이한다

호수에 마음 안개
피어오르고
웃음 젖은 세월

낙엽은 칼바람에
지친 가지를
맡겨 놓고 간다

꿈꾸는 가을

신선한 가을 냄새
뜨거운 햇살
오고 있나 보다

나만의 예쁜 생각
화려한 삶을
꿈꾸는 가을아

거리에 갈색 꽃향
바람이 불면
당신이 그립다

마음 번지다

초가을 휘이 휘이
짙푸른 들판
나락 쑥쑥 크고

싱겁던 해바라기
치마 여미자
여치 찌찌 찌찌

세상 다 그런 거야
순리대로가
마음먹기 나름

뜸북

하늘이 힐끗힐끗
웃는 틈새 속
높고 푸른 하늘

긴 여름 푸석푸석
갈대밭에서
뜸부기 날고요

가을은 풍성하고
용서의 계절
뜸북 뜸북 뜸북

멍에 벗어 버려

바람이 살랑살랑
뺨 간지르며
시원 시원하다

고단함 한꺼번에
씻어 내리고
멍에 벗어 버려

바스락바스락

친구들 안 보이자
창문을 열고
먼 하늘 보는데

낙엽이 한 잎 두 잎
떨어지면서
바스락바스락

여기가 어디야?

구름은 흘러 흘러
어디로 가나
바람 따라 가지

세상은 아름답고
신성한 그림
여기가 어디야

뒷모습

얼굴에 스친 바람
그리운 가슴
가던 길 멈추네

계절이 서걱서걱
시간 두려워
두 눈을 감아도

뒷모습 쓸쓸하고
외로움 없이
곧게 걸어간다

햇볕은

햇볕은 뾰족뾰족
밤송이 안고
활짝 웃는 한낮

사람들 가슴마다
사랑 가득 찬
세상 만들더라

가을

연분홍 코스모스
그리움 으로
하늘하늘 피고

한 마리 그리던 님
고추잠자리
날개 펼쳐 훨훨

반가움 병이던가
주변만 빙빙
맴돌 뿐이지요

장미 가시

향긋한 살내음이
흔드는 몸에
톡톡 튀는 가시

가시에 핏방울이
파고든 살갗
툭툭툭 찍힌다

아침 초대

꽃향기 취한 바람
떠나지 못해
서성이는 아침

오늘은 형형색색
꽃을 보세요
즐겁지 않아요

앉아요 따뜻한 차
한잔 어때요?
나무라지 말고

오월의 들판

부러진 가지 놓고
흥정을 한다
바람 매달리며

꽃씨를 휘날리는
오월의 들판
초록빛 이기다

가을빛 끝자락

무언가 허전한가
가슴 밑바닥
뜨겁게 치밀고

머리에 서리 피고
세월의 꽃도
여기저기 핀다

가슴을 파고드는
서늘한 바람
가을빛 끝자락

웃고 웃는 사람

잡은 손 따스하고
희망을 주는
온기 있는 사람

어둠을 걷어 내는
태양과 같이
웃고 있는 사람

오래오래 살자

오늘은 좋은 사람
만나는 시간
푹푹 주는 세월

아까워 먹지 않고
쳐다만 봐도
잘도 가는 시간

맛나게 살고 싶다
맛이 없어도
오래오래 살자

사랑하고파라

그대의 가슴에 핀
그리움 향기
사랑하고파라

여울목 흐름 속에
해맑은 미소
품에 살고파라

내 마음 흔들리며
수채화 피듯
꽃이 되고파라

계절 향기

생기가 넘친 신록
무성한 빛에
밝게 웃는 계절

숲속은 행복 넘친
노랫소리로
깨끗함 채우고

상처에 지친 몸과
마음도 같이
세월 따라 간다

자연으로 가자

어릴 적 놀던 냇가
언덕에 들꽃
뻐꾸기 춤추고

온 천지 반짝반짝
때묻지 않은
자연으로 가자

단풍 물들다

발아래 잔디밭과
각종 꽃나무
자랑 자랑하며

걸어온 이내 모습
나도 모르게
말없이 물들다

눈보라 치는데

눈 위에 내 발자욱
흔적이 남아
뽀도독 뽀도독

무심코 걸어가다
되돌아보고
깜짝 놀란 눈길

혼잔 줄 알았는데
누가 갔을까
눈보라 치는데

문경새재 길

옛 선비 문경새재
오고 가는 길
자취 여전하고

하얀 눈 쌓인 솔숲
흙벽돌 집에
피어나는 연기

수옥정 흘러 흘러
찔레꽃 향기
세월 업고 간다

내 인생길

아무렴 한번 왔다
가는 길이면
그냥 갈 수 없지

꽃 피운 인생이면
씨앗이라도
뿌리고 가야지

지나온 뒷모습은
흔적이 남아
지울 수 없어요

웃고 웃자

삶의 길 얻은 것도
잃을 것 없다
빈 들녘 바람아

울면서 웃는 날을
그리워하며
두려워 말아라

사는 게 별거더냐
생각하면서
그냥 웃고 웃자

봄 봄 봄

손 잡고 미소 짓는
그대 있어서
난 행복합니다

그대가 함께해서
기쁨 마음이
그득해집니다

맺어 준 인연이라
우리 만남은
봄이다 봄봄봄

세상이 보일까

마음엔 하늘 있고
사랑 따뜻해
등불처럼 밝다

따스한 마음속에
빛이 없으면
세상이 보일까

사랑꽃 향기

사람과 사람 사이
마음이 통해
행복 강 흐르고

그대와 우리 사이
꽃송이 피는
사랑꽃 향기다

마음가짐

마음엔 길이 있다
좁고 넓은 길
조심조심 가요

마음엔 문이 있어
삐뚤어진 문
살피고 열어요

열렸나 닫혔나

좀팽이 아주 쉽다
마음의 빗장
걸어 잠그든지

큰사람 되는 것도
어렵지 않다
대문 열어 놓고

쩨쩨한 좀팽인지
큰사람인지
닫혔나 열렸나

무심천 걸어요

기다림 베개 삼아
지새우던 날
무심천 걸어요

길섶에 코스모스
고추잠자리
피고 날고 놀고

안갯빛 그리움이
가슴 밀려와
이슬 맺혀 반짝

고향 들판

연파랑 하늘하늘
문턱을 넘어
들어선 세월아

태양볕 노란 벼가
어서 오라고
손짓하는 들판

이슬에 여문 오곡
풍년 든 달밤
그립다 고향아

강강술래

친구야 달 보이니
모깃불 피워
소망 기원하던

달 속에 토끼 한 쌍
절구질한다
강강술래 술래

둥근 달

밝고도 둥근 달을
바라보며는
마음 넉넉하고

허공 중 이내 몸을
띄워 놓아요
둥둥 뜨는 마음

꽃밭

색색의 꽃 빛깔이
이내 마음속
꽃비가 흐른다

여인이 꽃말 한다
빨간 노랑 말
웃는 모습 꽃밭

보름달

가을밤 창문 열자
보름달 속에
기러기 한 마리

보름달 끼룩끼룩
울며 가네요
슬픈 사연 있니

희망 달

반달로 살아오다
보름달처럼
살고 싶은 마음

보름달 속이 꽉찬
마음속 행복
희망 달 밝은 달

두둥실 달이 뜬다

두둥실 달이 뜬다
환한 보름달
쉬이 울면 안 돼

둥근 달 떠오르자
풀벌레 노래
외로워하지 마

짙은 연록색

따스한 햇살 햇살
푸른 생명들
콧노래 봄이다

오늘도 어제보다
짙은 연록색
환한 사랑 노래

물든 단풍인가

실눈 뜬 새벽 이슬
선잠 깬 여인
살며시 감싼다

기다림 눈물인가
이슬이던가
물든 단풍인가

달빛에 잠들다

얄궂던 성난 폭풍
언제 그랬어
파란 쪽빛 하늘

첫사랑 기다리던
코스모스가
한들한들 추고

태양도 황혼 속에
승냥이처럼
달빛에 잠들다

공원 단풍편지

누군가 고운 사연
놓고 갔을까
호젓한 공원에

마음은 그 얼마나
예쁘고 고와
희망의 사연을

삶이 더 빛나다

미운털 박혀 있어
좋은 풍월도
잦으면 흰소리

그리움 지나치면
장맛비처럼
녹녹히 쏘신다

오늘도 어제보다
밝게 웃으면
빛나는 삶이다

태극기 휘날리며 2

2024년 10월 14일 초판 1쇄 발행

지은이 최행신
펴낸이 유정환
펴낸곳 도서출판 고두미
        등록 2001년 5월 22일(제2001-000011호)
        충북 청주시 상당구 꽃산서로8번길 90
        Tel. 043-257-2224 / Fax. 070-7016-0823
        E-mail. godumi@naver.com

ⓒ최행신, 2024
ISBN 979-11-91306-73-6 03810

※ 지은이와 협약에 따라 인지를 붙이지 않았습니다.
※ 잘못 된 책은 구입한 곳에서 바꾸어 드립니다.
※ 책값은 뒤표지에 표시하였습니다.